BEI GRIN MACHT SICH IHR
WISSEN BEZAHLT

AF167018

- Wir veröffentlichen Ihre Hausarbeit,
  Bachelor- und Masterarbeit

- Ihr eigenes eBook und Buch -
  weltweit in allen wichtigen Shops

- Verdienen Sie an jedem Verkauf

Jetzt bei www.GRIN.com hochladen
und kostenlos publizieren

Trainingsplanung: Beweglichkeitstraining, Koordinationstraining

Literaturrecherche zum Thema Effekte des Dehnens auf die Bewegungsreichweite bzw. auf die Dehnungsspannung

Sabrina Krug

Bibliografische Information der Deutschen Nationalbibliothek:

Die Deutsche Nationalbibliothek verzeichnet diese Publikation in der Deutschen Nationalbibliografie; detaillierte bibliografische Daten sind im Internet über http://dnb.d-nb.de abrufbar.

ISBN: 9783346309266
Dieses Buch ist auch als E-Book erhältlich.

Deutsche Hochschule für
Prävention und Gesundheitsmanagement
Hermann Neuberger Sportschule 3
66123 Saarbrücken

Einsendeaufgabe

Fachmodul:	Trainingslehre III
Studiengang:	BGM
Datum Präsenzphase:	21.09.-23.09.2020
Name, Vorname:	Krug, Sabrina
Studienort:	**Stuttgart**
Semester:	**WS18**

Inhaltsverzeichnis

1 Personendaten

In folgender Tabelle werden allgemeine und gesundheitliche Daten des Probanden aufgeführt und bewertet.

Tab. 1: Allgemeine und gesundheitliche Daten des Probanden (eigene Darstellung)

	Daten	Bewertung hinsichtlich Belastbarkeit/Trainierbarkeit
Alter	25 Jahre	„Jüngerer" Proband, dadurch vermutlich eher belastbar, als in höherem Alter
Körpergröße	175 cm	-
Trainingsmotive	• Haltungsverbesserung • Verbesserte Beweglichkeit • Verbesserte sportliche Leistungsfähigkeit • Erhöhter Schutz der Gelenke beim Fußballspielen durch verbesserte reflektorische Muskelaktivität • Bessere Körperwahrnehmung	-
Aktuelle sportliche Aktivitäten:	• 3 x wöchentlich Fußballtraining (Kreisliga) • 2 x wöchentlich gesundheitsorientiertes Krafttraining	Sportlich sehr aktiv, somit aus eigener Erfahrung des Probanden als eher belastbar einzustufen
Zeitlicher Verfügungsrahmen	Täglich ca. 45-60 Minuten	Ausreichend, um ein umfangreiches Dehn-/ Gleichgewichtsprogramm zu absolvieren
Geschlecht	Männlich	(Sachse et al., 2002, S. 325-329) kamen in einer Studie mit 494 gesunden, schmerzfreien Probanden zum Ergebnis, dass „ [d]ie mittlere Beweglichkeit der Frauen [...] bis auf die linksseitige Schulterabduktion signifikant größer" war. Wenn man also danach geht, ergibt sich (zumindest bezüglich der Beweglichkeit) für den hier aufgeführten Probanden aufgrund des Geschlechts „männlich" eher ein Nachteil gegenüber dem weiblichen Geschlecht.

	Daten	Bewertung hinsichtlich Belastbarkeit/Trainierbarkeit
Körpergewicht	75 kg	Laut (Deutsche Gesellschaft für Ernährung (DGE) e.V., 1992) BMI von 24 kg/m², somit Normalgewicht = keine Einschränkung
Berufliche Tätigkeit	Kaufmann im Gesundheitswesen (Vollzeit)	Verbringt viel Zeit im Sitzen
Frühere sportliche Aktivitäten	1 x wöchentlich Tennistraining als Kind	Vermutlich sind die motorischen Fähigkeiten des Probanden aufgrund seiner durchgehenden sportlichen Aktivität schon als Kind relativ gut ausgeprägt.
Sonstiges	Tibiafraktur als Kind ohne bleibende Einschränkungen	Keine Einschränkung
Internistische Probleme	keine	Keine Einschränkung
Ärztliche Behandlungen	keine	Keine Einschränkung
Medikamente	L-Thyroxin	Einnahme aufgrund Hypothyreose, keine Einschränkung
Sonstige gesundheitliche Einschränkungen	keine	Keine Einschränkung

2 Beweglichkeitstestung

Kapitel zwei beschreibt die Durchführung und Auswertung eines manuellen Beweglichkeitstests nach (Janda, 2000).

2.1 Testdurchführung

In Tabelle zwei werden die jeweils zu testenden Muskeln, die Ausführung des Tests, die Bewertungskriterien nach (Janda, 2000) und die entsprechenden Ergebnisse des Probanden dargestellt.

Tab. 2: Manueller Beweglichkeitstest nach Janda (eigene Darstellung)

Testübung	Beschreibung Ausführung	Bewertung	Ergebnis
M. pectoralis major	Die zu testende Person liegt auf dem Rücken am (rechten/linken) Rand einer Behandlungsliege, sodass ein Arm seitlich über die Kante ragt. Um das Becken zu fixieren, werden die Füße aufgestellt. Der Tester bringt den Arm der Testperson in eine abduzierte, außenrotierte Position. Der Ellenbogen befindet sich dabei in einem 90°-Winkel. Mit der anderen Hand fixiert der Tester den Brustkorb des zu testenden, so dass dieser sich nicht auf die Seite des überhängenden Arms neigt. Es wird beobachtet, wie nah sich der abduzierte Arm an der Horizontalen befindet. Becken und Lendenwirbelsäule bleiben dabei fixiert.	Stufe 0 = Oberarm erreicht Horizontale Stufe 1 = Oberarm erreicht Horizontale durch Druck des Testers Stufe 2 = Oberarm erreicht Horizontale auch durch Druck des Testers nicht	rechts: 0 links: 0
M. iliopsoas	Die zu testende Person liegt auf dem Rücken (+ Gesäß) am unteren Rand einer Behandlungsliege, sodass die Beine überhängen. Ein Bein wird vom Probanden so weit wie möglich in der Hüfte gebeugt und mit den Händen herangezogen. Becken und Lendenwirbelsäule bleiben dabei durchgehend fixiert. Es wird beobachtet, wie sich der Oberschenkel des hängenden Beins zur Horizontalen verhält.	Stufe 0 = Oberschenkel erreicht Horizontale Stufe 1 = Oberschenkel erreicht Horizontale durch Druck des Testers Stufe 2 = Oberschenkel erreicht Horizontale auch durch Druck des Testers nicht	rechts: 1 links: 1
M. rectus femoris	Die zu testende Person liegt auf dem Rücken (+ Gesäß) am unteren Rand einer Behandlungsliege, sodass die Beine überhängen. Ein Bein wird vom Probanden so weit wie möglich in der Hüfte gebeugt und mit den Händen herangezogen. Becken und Lendenwirbelsäule bleiben dabei durchgehend fixiert. Das überhängende Bein wird nun vom Tester in die maximal mögliche Hüftextension gebracht. Es wird beobachtet, wie nun der Unterschenkel des Probanden zur Senkrechten steht.	Stufe 0 = Unterschenkel hängt senkrecht herab Stufe 1 = Unterschenkel erreicht 90° im Kniegelenk durch leichten Druck des Testers Stufe 2 = Unterschenkel erreicht 90° im Kniegelenk auch durch Druck des Testers nicht	rechts: 1 links: 1

Testübung	Beschreibung Ausführung	Bewertung	Ergebnis
Mm. ischiocrurales	Die zu testende Person liegt auf dem Rücken auf einer Behandlungsliege. Die Beine sind angewinkelt aufgestellt. Der Tester führt nun das zu testende Bein mit durchgehend gestrecktem Kniegelenk in die maximal mögliche Hüftflexion. Das Knie wird dabei mit den Händen nicht berührt. Das aufgestellte Bein bleibt unverändert. Es wird beobachtet, wie weit das zu testende Bein an einen Hüftbeugewinkel von 90° herangeführt werden kann.	Stufe 0 = Hüftflexion im Ausmaß von 90° möglich Stufe 1 = Hüftflexion im Ausmaß zwischen 80-90° möglich Stufe 2 = Hüftflexion nur unter 80° möglich	rechts: 1 links: 1
Mm. triceps surae	Die zu testende Person liegt auf dem Rücken auf einer Behandlungsliege. Das nicht zu testende Bein steht angewinkelt aufgestellt auf der Liege. Das zu testende Bein ist gestreckt und ragt mit der distalen Hälfte des Unterschenkels über die untere Kante der Liege hinaus. Der Tester greift den überhängenden Fuß mit der einen Hand distal am Fersenbein und mit der anderen Hand von der Fußaußenseite her. Die Hand an der Ferse zieht distalwärts, während der Daumen der anderen Hand den Vorfuß am äußersten Fußrand achsengerecht Richtung Schienbein drückt. Für eine isolierte Testung des M. soleus wird das Kniegelenk gebeugt und der Tester versucht die Bewegungsweite noch zu vergrößern.	Stufe 0 = Dorsalextension bis mindestens 0° möglich (90° zwischen Fuß und Unterschenkel) Stufe 1 = Dorsalextension möglich; 0° wird nicht ganz erreicht Stufe 2 = Dorsalextension nur bis 10° unter 0°-Stellung möglich	rechts: 0 links: 0

2.2 Testbewertung/-Interpretation

Um aus den Testergebnissen Schlüsse auf das zu planende Beweglichkeitsprogramm ziehen zu können, werden die Ergebnisse der Testung im Folgenden ausgewertet bzw. interpretiert. Die Testergebnisse des M. pectoralis major und der Mm. triceps surae weisen keine Beweglichkeitsdefizite auf. Da das Kriterium für „keine Defizite" in Mm. triceps surae ein Dorsalextensionswinkel von 90° ist, was allein schon Voraussetzung für einen aufrechten Stand ist, war hier nicht davon auszugehen, dass das Testergebnis Defizite aufzeigt. Da der Proband ein regelmäßiges Krafttraining der Brustmuskulatur über die größtmögliche Gelenkamplitude durchführt und auch die Antagonisten Mm. rhomboidei und M. trapezius pars transversa regelmäßig trainiert, war auch hier nicht zwingend mit einem Beweglichkeitsdefizit zu rechnen. Höchstens durch seine berufliche Tätigkeit, welche er am Computer mit permanent nach vorne gerichteten (anteversierten + adduzierten) Armen verrichtet.

Eine leichte Bewegungseinschränkung war in den Hüftflexoren M. iliopsoas und M. rectus femoris und in der ischiocruralen Muskulatur festzustellen. Da der Proband aufgrund seines Berufs acht Stunden pro Tag im Sitzen verbringt und auch sonst den vollen Extensionsbereich der Hüftflexoren bzw. den vollen Dehnungsbereich der ischiocruralen Muskulatur selten einnimmt, ist das Ergebnis nicht überraschend. Gerade durch das Fußballspielen werden die Hüftflexoren deutlich mehr beansprucht, als die Extensoren. Seitenungleichheiten zwischen links und rechts wurden bei keinem der Tests festgestellt. Das Ergebnis sollte dem Probanden einen Anreiz geben, seine einseitige Alltagsbelastung durch ein geeignetes Beweglichkeitstraining zu kompensieren und so sein Trainingsmotiv „verbesserte Beweglichkeit" zu verfolgen.

3 Trainingsplanung Beweglichkeitstraining

Kapitel drei zeigt die Planung für ein Beweglichkeitstraining für den Probanden im Sinne eines Dehntrainings. Der Plan umfasst alle wichtigen Muskel-Gelenk-Systeme und beinhaltet unter anderem Dehnungen für die Muskeln, die beim manuellen Beweglichkeitstest ein Defizit aufgezeigt haben.

3.1 Belastungsgefüge

Tabelle drei stellt die Belastungsparameter für das statische, dynamische und postisometrische Beweglichkeitstraining dar.

Tab. 3: Belastungsparameter für das Beweglichkeitstraining (eigene Darstellung)

Belastungsparameter	
Trainingshäufigkeit/Woche	5 Mal
Sätze/Übung	4
Dehndauer	• Bis zu 45 Sekunden Haltezeit pro Satz • Bei dynamischer Dehnung: Pro Satz ca. 12 Wiederholungen à 4 Sekunden • Bei postisometrischer Dehnung: 6-10 Sekunden isometrische Kontraktion der Zielmuskulatur, 2-3 Sekunden Entspannung der Zielmuskulatur, ca. 10-20 Sekunden Einnehmen der Dehnposition; insgesamt ca. 60 Sekunden pro Satz
Dehnintensität	Möglichst oberhalb der Dehngrenze

3.2 Übungsbeschreibungen

Für das Beweglichkeitstraining wurden folgende zwölf Dehnübungen zusammengestellt, die sich unterschiedlicher Dehnmethoden bedienen. Die Übungen ergeben zusammen ein Programm, welches alle wichtigen Muskel-Gelenk-Systeme enthält und gleichzeitig die Ergebnisse der Beweglichkeitstestung berücksichtigt.

Tab. 4: Beschreibung der Übungen des Beweglichkeitstrainings (eigene Darstellung)

	Primär zu dehnende Muskulatur	Dehn- methoden	Bewegungsbeschreibung
1.	M. iliopsoas, M. rectus femoris	Passiv- statisch	Der Proband befindet sich in einer Ausfallschrittstellung, bei der der vordere Fuß aufgestellt und das hintere Bein mit dem Knie und dem gesamten Unterschenkel auf dem Boden aufliegt. Der vordere Fuß befindet sich dabei etwas vor dem vorderen Knie. Die Dehnung wird eingenommen, indem nun der Körperschwerpunkt nach vorne verlagert wird. Das Becken sollte dabei stets aufgerichtet (posterior pelvic tilt) und der Rücken aufrecht sein. Diese Position wird nun gehalten und sowohl mit dem rechten als auch mit dem linken Bein vorne durchgeführt.
2.	M. quadriceps femoris	Passiv- dynamisch	Der Proband befindet sich in der Seitlage. Der Kopf liegt auf dem bodennahen Arm, welcher 180° anteversiert, also geradeaus nach „oben" gestreckt ist. Die andere Hand fasst das bodenferne Bein, welches im Kniegelenk angewinkelt ist, knapp über dem Sprunggelenk und zieht dieses Richtung Gesäß. Das Becken bleibt dabei durchgehend aufgerichtet. Die Dehnung wird zur dynamischen Dehnung, indem die Hand im Wechsel mal mehr und mal weniger Zug auf das Bein ausübt. Diese Dehnung wird ebenso auf der anderen Seite liegend mit dem entsprechend anderen Bein durchgeführt.
3.	Mm. ischio- crurales	postisomet- risch	Der Proband befindet sich in Rückenlage. Das eine Bein ist angewinkelt und steht mit dem Fuß auf der Unterlage auf. Das andere Bein wird bei gestrecktem Knie von einer anderen Person im Hüftgelenk gebeugt und mit den Händen an der Beinrückseite dort fixiert. Der Proband drückt nun sechs bis zehn Sekunden durch die isometrische Kontraktion der ischiocruralen Muskulatur gegen die Hände der Hilfsperson. Anschließend wird die Muskulatur für zwei bis drei Sekunden entspannt und daraufhin das Bein für zehn bis zwanzig Sekunden von der Hilfsperson in die maximal mögliche Hüftflexion bewegt. Daraufhin folgt eine erneute Kontraktion sowie Entspannung und ein erneutes Einnehmen der Dehnposition mit einer (im Optimalfall) etwas größeren Amplitude. Dies wird pro Bein über eine Dauer von insgesamt 60 Sekunden durchgeführt.

	Primär zu dehnende Muskulatur	Dehn- methoden	Bewegungsbeschreibung
4.	M. gastro- cnemius	Passiv- statisch	Der Proband befindet sich im aufrechten Stand. Vor ihm liegt ein Keil (z.B. aus Holz). Der Proband steigt mit einem oder beiden Füßen so auf den Keil, dass die Zehenspitzen nach oben und die Fersen nach unten zeigen. Der Körper bildet dabei eine Linie. Knie und Hüftgelenke sind durchge- hend gestreckt. Die Übung wird intensiver, je steiler die Steigung des Keils ist. Diese Position wird nun gehalten.
5.	M. adductor brevis, M. adductor longus, M. adductor magnus, M. gracilis, M. pectineus	Aktiv- statisch	Der Proband befindet sich in sitzender Position, in der bei- de Beine nach vorne ausgestreckt aufliegen. Mit den Ar- men kann sich hinter dem Körper abgestützt werden. Die Dehnung wird ausschließlich dadurch eingenommen, dass die Beine durch die aktive Kontraktion der Abduktoren (primär M. Gluteus medius, M. Gluteus minimus) maximal abduziert werden. Der Rücken bleibt stets gerade. Indem das Becken gekippt (anterior pelvic tilt) bzw. der Oberkör- per nach vorn geneigt wird, kann die Dehnung intensiviert werden. Diese Position wird nun gehalten.
6.	M. Gluteus maximus, M. Gluteus medius, M. Gluteus minimus	Passiv- statisch	Der Proband befindet sich in Rückenlage. Das eine Bein ist angewinkelt und auf der Unterlage aufgestellt. Das andere Bein wird außenrotiert und mit dem Unterschenkel auf dem Oberschenkel des aufgestellten Beins abgelegt. Die Deh- nung wird eingenommen, indem das aufgestellte Bein mit den Händen am Oberschenkel Richtung Brustkorb gezo- gen wird. Diese Position wird gehalten und anschließend ebenso mit dem anderen Bein in der oberen Position aus- geführt.
7.	Mm. erector spinae	Aktiv- dynamisch	Der Proband befindet sich im Vierfüßlerstand. Die Hände stehen dabei unter den Schultern auf dem Boden auf und die Hüftgelenke befinden sich über den Kniegelenken. Die Dehnung wird eingenommen, indem die Bauchmuskulatur (M. rectus abdominis) aktiv kontrahiert wird und dadurch eine starke Kyphose in der Wirbelsäule entsteht. Die Deh- nung wird anschließend wieder verlassen durch eine Ent- spannung der Bauchmuskulatur und damit eines Zurück- kehrens in die Ausgangsposition. Diese Bewegung wird mehrmals wiederholt.
8.	M. obliquus internus abdominis, M. obliquus externus abdominis	Passiv- statisch	Der Proband liegt auf dem Rücken. Die Beine sind aufge- stellt und die Arme liegen in einem 90°-Winkel vom Körper abduziert. Die Dehnung wird eingenommen, indem beide Knie aufeinander in dieselbe Richtung auf den Boden ab- gelegt werden. Die Schultern bleiben dabei beide auf dem Boden aufliegen. Diese Position wird nun gehalten und auf beiden Seiten ausgeführt.
9.	M. latissimus dorsi	Passiv- statisch	Der Proband befindet sich im Fersensitz. Die Dehnposition wird eingenommen, indem der Oberkörper nach vorne geneigt und die Arme in gestreckter Position, mit den Handflächen auf dem Boden so weit wie möglich nach vorne geschoben werden. Diese Position wird nun gehal- ten.

	Primär zu dehnende Muskulatur	Dehn- methoden	Bewegungsbeschreibung
10.	M. trapezius, Mm. rhomboidei	Aktiv- statisch	Der Proband befindet sich im aufrechten Stand. Er verschränkt beide Hände in Schulterhöhe vor dem Körper. Die Dehnung wird eingenommen, indem die Schulterprotraktoren (M. serratus anterior, M. pectoralis minor) aktiv kontrahieren. Die Schulterblätter werden somit weg von der Wirbelsäule nach vorne gedrückt. Der Kopf ist dabei nach vorne geneigt. Diese Position wird nun gehalten.
11.	M. trapezius pars descendens	Aktiv- statisch	Der Proband befindet sich im aufrechten Stand. Er neigt den Kopf zur Seite. Der Blick bleibt dabei stets nach vorne gerichtet. Die Dehnung wird eingenommen, indem die zur Kopfneigung gegenüberliegende Schulter aktiv von den Schulterdepressoren (M. trapezius pars ascendens, M. serratus anterior, M. pectoralis minor) nach unten gezogen wird. Diese Position wird nun gehalten und auch auf der anderen Seite, also spiegelverkehrt ausgeführt.
12.	M. pectoralis major	Aktiv- dynamisch	Der Proband befindet sich im aufrechten Stand. Die Oberarme sind dabei 90° abduziert, außenrotiert und die Ellenbogen 90° angewinkelt. Die Dehnung wird eingenommen, indem durch die aktive Kontraktion der Schulterretraktoren (M. trapezius transversa, Mm. rhomboidei) und M. deltoideus pars spinalis die Schulterblätter Richtung Wirbelsäule und die Arme nach hinten gezogen werden. Die Dehnposition wird im Wechsel durch An- und Entspannung der Retraktoren eingenommen und wieder verlassen.

3.3 Begründung des Dehnprogramms

Bei der Auswahl der Dehnübungen wurde Wert darauf gelegt, dass alle wichtigen Muskel-Gelenk-Systeme mit eingebaut wurden, vor allem die rumpfnahen Gelenke (wie Hüftgelenk, Schultergelenk) und natürlich die Wirbelsäule. Denn es ist offensichtlich, dass die Beweglichkeit in diesen Gelenksystemen essentiell für alle grobmotorischen Bewegungsabläufe ist. Es wurde ein Ganzkörperprogramm gewählt, da so die Beweglichkeit in allen Teilen des Körpers erhalten bleibt / wiederhergestellt wird und somit ein reibungsloser Bewegungsablauf im Alltag und auch beim Fußballspielen gewährleistet wird. Diese allgemeine Beweglichkeit ist unumstritten eine Voraussetzung für die sportliche Leistungsfähigkeit (zumindest in Sportarten, in denen Beweglichkeit von besonderer Bedeutung ist) und zielt somit auf das Trainingsmotiv des Probanden ab, seine sportliche Leistungsfähigkeit zu verbessern. Ungleichgewichte in der Dehnfähigkeit der verschiedenen Muskeln sollen außerdem beseitigt werden, um zwischen Agonisten und Antagonisten eine ausgewogene Ruhespannung zu erlangen. Dies führt zu einer normalen Gelenkstellung (Wiemann et al., 1998, S. 111) und ermöglicht somit eine gute und aufrechte Haltung, was zu den Trainingsmotiven des Probanden passt. Besonderen Wert wurde hier (aufgrund des Testergebnisses) auf M. iliopsoas, M. rectus femoris und Mm. ischiocrurales gelegt, weshalb diese auch direkt am Anfang stehen. Außerdem wurde bei der Dehnung dieser drei Muskeln bewusst keine Übung gewählt, welche sich einer rein aktiven Dehnform bedient. Dies hat den Hintergrund, dass der Dehnreiz einer aktiven Dehnung logischerweise immer nur so stark sein kann, wie die Kraft des Antagonisten, was daher gegebenenfalls zu einem nicht so intensiven Reiz führt. Da aber aufgrund des Testergebnisses auf diese drei Muskeln/Muskelgruppen besonders Wert gelegt werden soll, sollen diese so intensiv wie möglich und deshalb vor allem passiv gedehnt werden. Trotzdem wurden auch aktive Dehnungen eingebracht, da diese durchaus ihre Daseinsberechtigung haben und damit der Proband auch diese Dehnform kennen und nutzen lernt. Es wurde neben der statischen auch die dynamische Arbeitsweise mit eingebracht, da der Proband davon profitiert im Hinblick darauf, dass er diese im Gegensatz zur statischen Arbeitsweise auch beispielsweise vor dem Sport (Fußballtraining) anwenden kann, ohne dass dies Auswirkungen auf seine sportliche Leistungsfähigkeit hat (Begert und Hillebrecht, 2003, S. 6-25).

4 Trainingsplanung Koordinationstraining

Folgendes Kapitel zeigt die Planung eines Koordinationstrainings im Sinne eines Gleichgewichtstrainings. Die verschiedenen Übungen bauen systematisch aufeinander auf und beinhalten zum Teil Hilfsmittel/Kleingeräte.

4.1 Belastungsgefüge

In Tabelle fünf sind die Belastungsparameter für das Koordinationstraining aufgelistet.

Tab. 5: Belastungsparameter für das Koordinationstraining (eigene Darstellung)

Belastungsparameter	
Trainingshäufigkeit/Woche	3 Mal
Sätze/Übung	4
Satzpausen	30 Sekunden
Belastungsdauer	15 Wiederholungen bei dynamischen Übungen, 30 Sekunden bei statischen Übungen

Bei ersten auftretenden Ermüdungserscheinungen muss das Koordinationstraining abgebrochen werden, auch wenn die gewünschte Belastungsdauer/Satzzahl noch nicht erreicht wurde.

4.2 Übungsbeschreibungen

Nachfolgend sind zehn Gleichgewichtsübungen beschrieben und die dafür notwendigen Hilfsmittel/Kleingeräte aufgelistet. Diese Übungen bilden das geplante Koordinationstraining für den Probanden.

Bei allen aufrechten Übungen können die Arme als Stabilisierungshilfe zusätzlich abduziert werden.

Tab. 6: Beschreibung der Übungen des Koordinationstrainings (eigene Darstellung)

	Bewegungsbeschreibung	Hilfsmittel/ Kleingeräte
1.	Der Proband befindet sich im Vierfüßlerstand. Die Schultern befinden sich über den Händen und die Hüftgelenke über den Knien. Kopf und Halswirbelsäule befinden sich in Verlängerung der Brustwirbelsäule. Nun werden abwechselnd das linke Bein und der rechte Arm gestreckt und angehoben und anschließend das rechte Bein und der linke Arm. Die gestreckte Position wird gehalten und der Rumpf versucht zu stabilisieren. Diese Übung kann erschwert werden, indem Arm und Bein derselben Körperhälfte angehoben werden, statt diagonal.	-
2.	Der Proband befindet sich im aufrechten Stand, die Arme hängen seitlich herunter. Nun wird der Körperschwerpunkt abwechselnd nach vorne, hinten, links und rechts verlagert. Dies kann auch in Form eines Kreises durchgeführt werden. Um die Übung zu intensivieren, können zusätzlich die Augen geschlossen werden.	-
3.	Der Proband befindet sich im Linienstand. Dazu wird ein Fuß unmittelbar vor den anderen gestellt, so dass diese beide nach vorne zeigen und somit eine Linie ergeben. Dieser Stand wird versucht auszubalancieren. Auch diese Übung lässt sich durch Schließen der Augen intensivieren.	-
4.	Der Proband befindet sich im aufrechten Stand. Ein Bein wird mit gestrecktem Kniegelenk vom Boden abgehoben und nach hinten gebracht, während sich der Oberkörper nach vorne verlagert, bis er sich in der Horizontalen befindet. Oberkörper und ausgestrecktes Bein bilden dabei eine Linie. Es wird versucht das Gleichgewicht zu halten. Auch diese Übung kann zur Intensivierung mit geschlossenen Augen durchgeführt werden.	-

	Bewegungsbeschreibung	Hilfsmittel/Kleingeräte
5.	Der Proband befindet sich sitzend auf einem Fitball. Nun wird versucht die Füße vom Boden abzuheben und dabei den Körperschwerpunkt in der Mitte des Balls zu halten. Auch hier kann versucht werden die Augen zu schließen. Zur Intensivierung kann außerdem versucht werden, die Übung auf dem Fitball stehend auszuführen. Hierzu bietet sich an, dies zunächst mit Hilfestellung auszuprobieren oder mit einer anderen Möglichkeit zum Festhalten.	Fitball
6.	Für diese Übung wird eine Reihe an Therapiekreiseln aufgebaut. Der Proband versucht über diesen Gehparcours zu gehen, indem er von einem auf den nächsten Kreisel steigt. Die Therapiekreisel sollten hierzu auf einem Untergrund stehen, auf dem diese nicht wegrutschen können. Anfänger können hier eine Person miteinbeziehen, die ihnen Hilfestellung gibt und sie an der Hand führt. Zur Intensivierung können die Kreisel ein Stück weiter auseinander gestellt, die Geschwindigkeit variiert oder versucht werden sich währenddessen mit einem Partner einen Ball zuzuwerfen.	Therapiekreisel, ggf. Ball
7.	Der Proband steht im Einbeinstand auf einem Therapiekreisel und versucht das Gleichgewicht zu halten. Zur Intensivierung kann hier ein Ball auf den Boden geprellt oder jongliert, leichte Störimpulse durch einen Partner gegeben oder die Augen geschlossen werden.	Ggf. Ball/Bälle
8.	Der Proband steht mit beiden Füßen auf jeweils einem Therapiekreisel und führt eine Kniebeuge durch. Zur Intensivierung können mit einem Partner währenddessen ein oder mehrere Bälle hin und her geworfen werden.	Therapiekreisel, ggf. Ball/Bälle
9.	Der Proband führt einen Ausfallschritt aus, bei dem der vordere Fuß auf einem Bosu-Ball steht. Zur Intensivierung können die Augen geschlossen oder seitliche Störimpulse durch einen Partner gegeben werden.	Bosu-Ball
10.	Der Proband befindet sich in einer Liegestützposition mit den Füßen auf einem Fitball. Nun wird versucht abwechselnd der linke und der rechte Fuß vom Fitball angehoben und kurz gehalten zu werden. Zur Intensivierung kann zusätzlich der jeweils gegenüberliegende Arm (beim rechten Bein der linke Arm und andersrum) mitangehoben werden.	Fitball

4.3 Begründung des Koordinationstrainingsprogramms

Da der Proband durch die langjährige sportliche Aktivität motorisch schon sehr gut aufgestellt ist, wurde ein umfangreiches und durchaus anspruchsvolles Gleichgewichtstraining erstellt. Das geplante Koordinationstraining umfasst eine Auswahl an verschiedenen Gleichgewichtsübungen mit sowohl statischen Halteübungen als auch komplexeren dynamischen Bewegungsmustern. Der Körper muss dabei sowohl in der Vertikalen, als auch in der Horizontalen stabilisiert werden. Der Proband soll im Alltag und beim Fußballspielen von den Effekten des Gleichgewichtstrainings profitieren, indem er dadurch eine verbesserte Tiefensensibilität, eine bessere Körperwahrnehmung und eine bessere reflektorische Muskelaktivität erlangt (Häfelinger und Schuba, 2007, S. 24), die ihn vor Verletzungen schützt. Somit kann ihm das Programm helfen seine Trainingsziele zu erreichen. Die Übungsauswahl beginnt mit weniger kraftintensiven und endet mit muskulär anspruchsvolleren Übungen. Dies hat den Hintergrund, dass der Proband nicht zu früh muskulär ermüdet, da während des propriozeptiven Trainings die Qualität der Bewegungsausführung durchgehend gewährleistet sein sollte (Chwilkowski, 2006, S. 60 ff). Übung Nummer zwei steht relativ weit am Anfang, um durch die Verlagerung des Körpergewichts zunächst einmal den Körperschwerpunkt besser wahrzunehmen. Leichtere Übungen auf festem Untergrund wurden an den Anfang gestellt und Übungen mit kleinerer oder instabiler Auflagefläche eher gegen später eingebaut. Grund dafür ist, Erfolgserlebnisse an den Anfang zu stellen, welche für die kommenden Übungen motivieren sollen und um nicht direkt am Anfang durch komplexe Übungen Frustration auszulösen. Die Übungen am Anfang sind eher leicht auszuführen, gegen später werden die Bewegungsmuster dann komplexer, wie z.B. bei der Kniebeuge / dem Ausfallschritt, um auch hier Misserfolge am Anfang so gering wie möglich zu halten (Chwilkowski, 2006, S. 56-58). Insgesamt beinhaltet das Koordinationsprogramm keine schwereren koordinativ integrativen Kraftübungen, da der Proband zusätzlich zweimal pro Woche Krafttraining betreibt. Alle Übungen wurden mit Variationen zur Intensivierung aufgelistet, sodass das Programm sowohl für Anfänger als auch für Fortgeschrittene anspruchsvoll sein kann.

5 Literaturrecherche zum Thema "Effekte des Dehnens auf die Bewegungsreichweite bzw. auf die Dehnungsspannung"

In Kapitel fünf werden mithilfe von Tabelle sieben zwei Studien zum Thema „Effekte des Dehnens auf die Bewegungsreichweite bzw. auf die Dehnungsspannung" gegenübergestellt und anhand ausschlaggebender Stichpunkte miteinander verglichen.

Tab. 7: Vergleich zweier Studien zum Thema „Effekte des Dehnens auf die Bewegungsreichweite bzw. auf die Dehnungsspannung" (eigene Darstellung)

	Bewegungsreichweite, Zugkraft und Muskelaktivität bei eigen- bzw. fremdregulierter Dehnung (Glück et al., 2002)	Beweglichkeitseffekte durch exzentrische Belastung und statisches Dehnen (Vetter et al., 2016)
Wer hat die Studie durchgeführt?	Glück, S.; Schwarz, M.; Hoffmann, U.; Wydra, G.	Vetter, S.; Marschall, F.; Haab, T.
Publikationsjahr	2002	2016
Forschungsfrage	Bestehen Unterschiede zwischen: • direkter Eigendehnung • indirekter Eigendehnung • indirekter Fremddehnung im Hinblick auf: • die maximale Bewegungsreichweite • die Zugkraft bei konstantem Winkel der jeweils ersten maximalen Bewegungsreichweite • die maximal tolerierte Zugkraft • die Muskelaktivität des M. biceps femoris?	Unterscheiden bzw. wie unterscheiden sich statisches Dehnen und exzentrische Belastung auf die Bewegungsreichweite nach einer einmaligen Intervention?
Versuchspersonen	27 Sportstudierende: m=16, w=11; 25±2 Jahre; 176±8 cm; 68±10 kg	11 männliche Sportstudierende: 22 ±1 Jahre; 178±7 cm, 74,5±3,5 kg
Versuchsaufbau	Die Probanden wurden randomisiert in drei Gruppen aufgeteilt und absolvierten folgende drei standardisierte Tests in randomisierter Reihenfolge: Test 1: Direkte Eigendehnung durch eigenständiges Dehnen mithilfe eines Seilzugs Test 2: Indirekte Eigendehnung durch selbstständige Bedienung eines Motors Test 3: Indirekte Fremddehnung durch den Testleiter	Es wurde die Veränderung des maximal möglichen Bewegungsumfangs der ischiocruralen Muskulatur gemessen unter den Bedingungen: Statisches Dehnen, exzentrische Belastung und einer Kontrollbedingung. Dabei wurden die Parameter Belastungsdauer, Serienanzahl, intraserielle und Serienpausendauer sowie die Erholungszeit zwischen den Interventionen konstant gehalten. Die Übungen wurden so gewählt, dass punctum fixum (p.f. Hüfte) und punctum mobile (p.m. Knie) für beide Belastungen gleich waren.

	Bewegungsreichweite, Zug-kraft und Muskelaktivität bei eigen- bzw. fremdregulierter Dehnung (Glück et al., 2002)	Beweglichkeitseffekte durch exzentrische Belastung und statisches Dehnen (Vetter et al., 2016)
Ergebnisse	Die maximale Bewegungs-reichweite lag bei direkter Eigendehnung durchschnitt-lich 5% höher als bei indirek-ter Eigen- und Fremddehnung (p≤0,001). Zwischen den an-deren Parametern konnten keine signifikanten Unter-schiede gemessen werden. Bei direkter Eigendehnung zeigte das Ergebnis signifikant höhere maximale Bewegungs-reichweiten als die indirekten Verfahren.	Es besteht ein signifikanter Interakti-onseffekt. Statisches Dehnen und exzentrische Belastung verbessern die Bewegungsreichweite annähernd gleich stark. Die Effekte ergeben sich aus den unterschiedlichen Verbesse-rungen bei statischem Dehnen ge-genüber der Kontrollbedingung bzw. der exzentrischen Belastung gegen-über der Kontrollbedingung.
Relevante Ergeb-nisse / Schlussfol-gerungen	Die direkte Eigendehnung zeigt sich anhand der hier erhobenen Daten als die vor-teilhafteste der drei Methoden.	Statische Dehnung und exzentrische Belastung führen nach einer einmali-gen Intervention unter weitgehend gleichen Bedingungen zu gleichen Verbesserungen der Bewegungs-reichweite.

6   Literaturverzeichnis

Begert, B.; Hillebrecht, M. (2003): Einfluss unterschiedlicher Dehntechniken auf die reaktive Leistungsfähigkeit. In: *Spectrum der Sportwissenschaften* 15 (1), S. 6–25.

Chwilkowski, C. (2006): Medizinisches Koordinationstraining. Verbesserung der Haltungs- und Bewegungskoordination durch Propriozeption. 2. Aufl. Köln: Deutscher Trainer Verlag.

Deutsche Gesellschaft für Ernährung (DGE) e.V. (1992): Ernährungsbericht 1992. Online verfügbar unter https://www.dge.de/fileadmin/public/doc/ws/dgeeb/EB-1992-Inhaltsverzeichnis.pdf, zuletzt geprüft am 22.09.2020.

Glück, S.; Schwarz, M.; Hoffmann, U.; Wydra, G. (2002): Bewegungsreichweite, Zugkraft und Muskelaktivität bei eigen- bzw. fremdregulierter Dehnung. In: *Deutsche Zeitschrift für Sportmedizin* 53 (3). Online verfügbar unter https://www.germanjournalsportsmedicine.com/fileadmin/content/archiv2002/heft03/a01_0302.pdf, zuletzt geprüft am 28.09.2020.

Häfelinger, U.; Schuba, V. (2007): Koordinationstherapie - propriozeptives Training. Wo Sport Spaß macht. 3. überarb. Auflage. Aachen: Meyer & Meyer.

Janda, Vladimir (2000): Manuelle Muskelfunktionsdiagnostik. 4. Aufl. München: Urban & Fischer.

Sachse, J.; Hinzmann, J. L.; Janda, V.; Ruhm, B. (2002): Normuntersuchung der Beweglichkeit junger Erwachsener. In: *Physikalische Medizin, Rehabilitationsmedizin, Kurortmedizin* 12 (6), S. 325–329.

Vetter, Sebastian; Marschall, Franz; Haab, Thomas (2016): Beweglichkeitseffekte durch exzentrische Belastung und statisches Dehnen. In: *Sports Orthopaedics and Traumatology* 32 (1), S. 40–44. Online verfügbar unter https://www.sciencedirect.com/science/article/abs/pii/S0949328X1500215X, zuletzt geprüft am 28.09.2020.

Wiemann, K.; Klee, A.; Startmann, M. (1998): Filamentäre Quellen der Muskel-Ruhespannung und die Behandlung muskulärer Dysbalancen. In: *Deutsche Zeitschrift für Sportmedizin* 49 (4), S. 111.

7 Tabellenverzeichnis